Fiche de lecture illustrée

Les Bonnes

de Jean Genet

par Frédéric Lippold

Table des matières

Présentation de l'auteur

Biographie de Jean Genet

Jean Genet est né le 19 décembre 1910 à Paris. **Abandonné par sa mère**, il est recueilli par l'assistance publique et placé dans une famille d'accueil, chez des paysans. Ce déracinement aura un impact sur sa vie et ses œuvres.

À l'adolescence, il fugue et commet des délits. Il est emprisonné à 15 ans et envoyé en colonie pénitentiaire (prison) à Mettray, jusqu'à sa majorité. A 18 ans, il s'engage dans le Légion étrangère. Ceci lui permettra de **voyager** et de côtoyer des cultures très diverses (notamment au Moyen Orient et en Afrique du Nord).

Il finit par déserter en 1936 et quitte la France, puis vagabonde en Europe avec de faux papiers pendant un an. Il revient ensuite en France et se retrouve de nouveau en prison pour désertion, vols, vagabondages et falsification de papiers.

Incarcéré à Fresnes, il commence à écrire. Il publie alors en 1942 son premier poème, ***Le Condamné à mort***, et rédige d'autres textes comme *le Miracle de la rose* (publié en 1946). Jean Cocteau intervient en sa faveur en 1944, alors que Genet était sur le point d'être éloigné du territoire. Jean Genet est finalement libéré.

De 1945 à 1948, il est très actif d'un point de vue littéraire : il publie pas moins de huit œuvres variées, dont ***Les Bonnes*** en 1947. Après une période de vide, il reprend l'écriture entre 1955 et 1961 et réalise d'autres ouvrages marquants comme ***Le Balcon, Les Nègres*** et ***Les Paravents***. Il proteste contre la colonisation française au Maghreb.

Toutefois, ces succès sont accompagnés de périodes difficiles : il connaît la dépression et commet une tentative de suicide.

À partir de 1967, il effectue un séjour en Extrême-Orient (Japon) puis part aux États-Unis. Là-bas, il participe aux manifestations **contre la guerre du**

Vietnam et soutient les Blacks Panthers pour les **droits des Noirs**. En France, il lutte pour un **meilleur traitement des immigrés**. Par la suite, il s'engage pour la **cause palestinienne**.

Il est atteint d'un cancer de la gorge en 1979 ; un traitement médical lui offre un répit, il décide alors de s'installer au Maroc. En 1983, il reçoit le **Grand Prix national des lettres**.

Il décède le 15 avril 1986.

*

Durant sa vie, Jean Genet aura eu de nombreuses casquettes : **écrivain**, **poète**, **dramaturge**, **novelliste**, **cinéaste** (il réalise le film *Chant d'amour* en 1950) et **militant politique**.

Jean Genet en 1983

Son caractère et sa vision des choses

Jean Genet était un **personnage singulier**, différent des écrivains habituels : son passé de malfrat contraste avec le bon français qu'il utilise dans ses œuvres.

De plus, il ressent un **dégoût assez profond envers la société occidentale**, dans laquelle il vit pourtant.[1] Ce dégoût est justifié par le fait qu'il a été, en quelque sorte, rejeté par l'État qu'il a pourtant servi par les armes (ses condamnations pénales lui ont notamment privé de ses droits civiques, comme le vote). Plus encore, il n'aime pas la **lâcheté** et l'**incompétence** des dirigeants politiques, et leur reproche aussi leur **indignation sélective**

[1] Pour en savoir plus, voir l'entretien qu'il a tenu avec Bertrand Poirot-Delpech en 1982.

(ainsi, « l'élite » française s'indigne de l'oppression soviétique en Pologne, mais ferme les yeux sur le colonialisme français ou encore les répressions au Maroc conduites sous l'autorité du roi Hassan II – c'est l'exemple évoqué par Jean Genet lui-même dans son entretien de 1982).

Ainsi, cet auteur du XXème siècle rappelle de façon frappante un autre écrivain marginal, différent des autres : **Louis-Ferdinand Céline** (1894-1961).

Louis-Ferdinand Destouches (1894-1961), alias Céline

Ce dernier, ancien soldat également, partageait la même détestation de la bien-pensance, de l'élite parisienne vaniteuse et prétentieuse, et des dirigeants politiques dont beaucoup sont corrompus. Il ressentait aussi la même peine pour les peuples exploités par les puissances occidentales. Néanmoins, tous deux ont une **histoire aux trajectoires opposées** : Jean Genet, criminel passé par la case prison, a finalement fini reconnu par ses œuvres écrites dans un bon français. À l'inverse, Louis-Ferdinand Destouches (le vrai nom de Louis-Ferdinand Céline), qu'on appelait « Docteur Destouches », était médecin avant de devenir un **écrivain à la célébrité fulgurante** grâce au ***Voyage au bout de la nuit*** (1932). Son écriture se distingue de celle de Genet : elle prend la forme d'un **français argotique très rude, très brut**, qui choque autant qu'il passionne. À partir de 1937, Céline prend un tournant en écrivant des **pamphlets[2] violents**, visant notamment les juifs. Il devient un auteur controversé voire détesté : cela l'a conduit à s'isoler, banni d'une partie des milieux littéraires et rejeté par ceux qui l'avaient autrefois admiré. Ainsi, sa fin est assez différente de celle de Jean Genet.

Pour finir, certains disent que Jean Genet aurait été un peu **vaniteux**. Il était aussi connu pour être assez **inquiet** et **angoissé**. Par ailleurs, il savait être souple et tolérait qu'on adapte ses œuvres de façon assez libre.

---

2 Un pamphlet est un texte, généralement politique, qui conteste un pouvoir ou un homme de pouvoir, en utilisant des termes pouvant être durs, violents, caricaturaux.

Ce qu'ils ont dit de lui

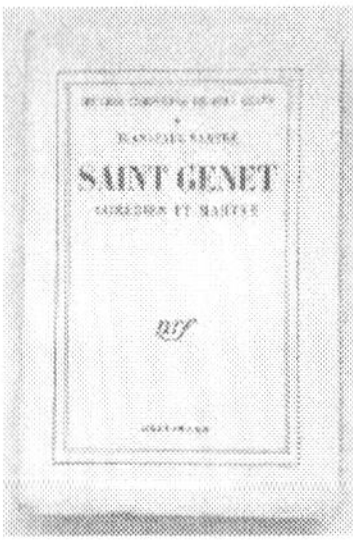

Jean Cocteau a apporté son soutien à Jean Genet, lorsque la pièce *Les Bonnes* a été représentée.

Jean-Paul Sartre, auteur célèbre du XXème siècle, a affirmé qu'il avait un « *véritable génie littéraire* ». En 1952, il écrira *Saint Genet, comédien et martyr*. Cet essai représente un réel soutien à Jean Genet et l'aidera dans son parcours.

Contexte de l'œuvre

Contexte historique

Le XXème siècle est traversé par les horreurs des **Première et Seconde guerres mondiales**.

De plus, la deuxième moitié de ce siècle est marquée par un certain **pessimisme** : la croissance et l'amélioration des conditions de vie s'effacent avec la fin des Trente Glorieuses (1946-1975). Le contexte politique est tendu, avec une IVème République fragile, qui laissera place à la Vème République du Général de Gaulle (1958).

On prend conscience des **limites du monde moderne** : les peuples ont du mal à se projeter dans le futur, dans un monde en pleine mutation.

Contexte politique

Les années 45 marquent la fin de la Seconde guerre mondiale.

Dans les années 60, un certain contrôle est effectué par l'État afin d'éviter que les mœurs se corrompent ; le but affiché est de protéger la jeunesse. Ainsi, une « ***loi autorisant le gouvernement à prendre (...) les mesures nécessaires pour lutter contre certains fléaux sociaux*** » est adoptée le **30 juillet 1960**.

> **LOI n° 60-773 du 30 juillet 1960 autorisant le Gouvernement à prendre, par application de l'article 38 de la Constitution, les mesures nécessaires pour lutter contre certains fléaux sociaux (1).**

Il s'agit de réprimander des « *fléaux sociaux* », tels que l'alcoolisme, la prostitution, la pédophilie ainsi que l'homosexualité. Des **débats très animés** ont alors lieu à l'Assemblée Nationale pour définir les contours de cet encadrement.

Les années 70 sont quant à elles marquées par une **volonté de libération des mœurs** (liée notamment au mouvement hippie aux États-Unis). Les jeunes manifestent et protestent notamment contre le pouvoir vieillissant du Général de Gaulle. L'élection de Georges Pompidou puis Valéry Giscard d'Estaing ouvre la voie vers une politique se voulant plus « ouverte » et moins conservatrice.

Contexte littéraire

Le XXème siècle est marqué par l'**expérimentation de mouvements littéraires nouveaux**, qui valorisent la rupture avec les écrits classiques. Parmi ces mouvements se distinguent le **surréalisme**[3] ainsi que l'**absurde**.

L'absurde et le Nouveau Théâtre

L'**absurde** est une part intégrante du « **Nouveau Théâtre** » qui est le courant théâtral dans lequel s'inscrivent des dramaturges comme **Eugène Ionesco** (1909-1994), **Samuel Beckett** (1906-1989) ou **Adamov** (1908-1970).

Le mouvement de l'absurde est une tentative de réponse à la question : « ***Quel est le sens de la vie ?*** ». N'y voyant pas, certains auteurs mettent en scène des **personnages perdus**, en détresse. Ils cherchent alors à donner un sens à la vie.

- Dans ***L'Étranger*** d'Albert Camus, le personnage principal vit la vie de façon détachée, sans réelle émotion. Il n'y est pas attaché, de ce fait il est libre car il n'est pas soumis aux règles et coutumes de la vie en groupe.
- Dans ***La Peste*** d'Albert Camus, l'homme est certes confronté par une vie absurde, mais se bat pour contrer la maladie et vivre. C'est la révolte.

---

[3] Le surréalisme évoque l'idée de libérer l'homme et la littérature du contrôle de la raison : l'art devient un moyen de révolte et d'expression libre. Des thèmes variés sont abordés, comme l'inconscient, l'amour et le désir, l'imagination et le rêve.

- Dans ***Rhinocéros*** d'Eugène Ionesco, tous les hommes se transforment en rhinocéros et abandonnent leur humanité, sauf un homme (Bérenger) qui décide de ne pas se rendre et donne alors un sens à sa vie.
- Dans ***La Nausée*** de Jean-Paul Sartre, le personnage principal, Roquentin, est confronté à son « inutilité » dans le monde, à l'absurdité de sa vie. Néanmoins, il parvient à aller au-delà en se projetant vers l'avenir, au travers de l'écriture.

Chez ces auteurs du XXème siècle, **l'art** (écriture, peinture, musique…) représente souvent le moyen de choix pour échapper à une vie qu'ils pensent absurde, sans but.

L'homme qui « crée », produit, peut exister et donner un sens à sa vie.

Le Théâtre de la cruauté

Antonin Artaud (1896-1948)

Les Bonnes est l'illustration par excellence du **Théâtre de la cruauté**, théorisé par Antonin Artaud (1896-1948) dans son œuvre *Le théâtre et son double* (1938).

Le Théâtre de la cruauté s'interroge lui aussi sur le sens de la vie, en appuyant sur la « ***souffrance d'exister*** ». Dans cette approche, le théâtre doit exposer une « ***action immédiate et violente*** » qui puisse toucher tous les spectateurs. Il ne faut plus que le théâtre soit réservé à une élite, mais qu'il devienne accessible à tous. Le spectateur verra donc des actes plus « **réels** », proches de la nature profonde de l'homme, ce qui comprend des **actes brutaux, violents, parfois criminels**.

Le but est que le spectateur **réfléchisse sur ses propres pulsions et côtés sombres**, car les acteurs incarnent les mauvais penchants des êtres humains. En voyant ces scènes, il observe des horreurs et est alors poussé à ne pas les commettre. Ce théâtre de la cruauté opère donc, comme dans le théâtre antique, une « *catharsis* »[4] : **le spectateur est purifié de son mal** en observant comment il pourrait se manifester.

---

[4] Selon Aristote, la catharsis est la purification de l'âme délivrée de ses passions chez le spectateur d'une pièce de théâtre dramatique. En voyant sur scène les dégâts que peuvent causer le mal, le spectateur ne le commettra pas.

L'œuvre de Jean Genet et son théâtre

Les influences de Genet

Malgré sa jeunesse difficile, Genet a une **solide culture littéraire** : il maîtrise ses classiques (notamment Jean Racine) et connaît le théâtre grec. Il apprécie aussi la poésie : c'est **Ronsard** qui lui a fait forte impression et lui a donné goût au beau français.[5]

La famille d'accueil de Jean Genet était **chrétienne** (**catholique**) : l'écrivain a donc acquis une bonne connaissance de cette religion. Toutefois, il est devenu non-croyant avec le temps. Même si Jean Genet a affirmé le contraire, il semble aussi avoir une **bonne culture théâtrale** : c'est ce qu'écrit Jean-Bernard Moraly dans son livre *Jean Genet, la vie écrite* (1988).

Présentation de l'œuvre

Origines de la pièce

Tout part d'un fait divers sordide : les **sœurs Papin**, deux domestiques, **assassinent sauvagement leurs patronnes** au Mans en 1933. Le magazine *Détective*[6] surnomme alors ces deux femmes « ***les brebis enragées*** ».

Procès des sœurs Papin, 1933

À l'époque, cette affaire passionne la population française : certains étaient curieux de connaître le verdict, tandis que d'autres soulevaient la question de l'exploitation des « bonnes » et leur rébellion face à l'autorité.

---

5 Voir l'entretien de 1982 dans lequel il évoque ce grand poète.

6 De façon intéressante, Claire évoque ce magazine dans la pièce : « Je suis au courant, Je lis Détective. » (p. 87)

Pour quelques-uns, elles étaient devenues un symbole de résistance à l'oppression.

Toutefois, lorsqu'on se penche sur ce fait divers, on constate que la maîtresse n'était pas particulièrement méchante et que les sœurs Papin semblaient avoir certains problèmes psychologiques. Elles étaient par exemple assez renfermées sur elles-mêmes, comme si elles vivaient dans leur monde. On constate alors de **réelles similitudes entre ce fait divers et l'intrigue de *Les Bonnes***.

Néanmoins, comme l'a souligné le metteur en scène Bruno Boëglin, on ne peut pas assimiler les deux bonnes aux sœurs Papin : elles ne tuent pas leur maîtresse mais « ***s'autodétruisent*** ».

Quoi qu'il en soit, Jean Genet a sans aucun doute été inspiré par ce double meurtre, même s'il a prétendu le contraire : « *Vous pensez à l'affaire Papin, n'est-ce pas ? Mais ce n'est pas cela.* »

L'aide de la « bande à Cocteau »

Outre le fait divers susmentionné, l'œuvre de Genet semble avoir été inspirée par la chanson « ***Anna la bonne*** » écrite par Jean Cocteau lui-même, pour la chanteuse Marianne Oswald (1934).

De 1943 à 1949, Genet fait partie de la « **bande à Cocteau** », un groupe d'auteurs regroupés autour de la figure de Jean Cocteau (1889-1963). Ces amis l'ont aidé a perfectionné sa pièce, comme il l'a confié, en 1949 : « *Cocteau, Bérard et Jouvet m'ont énormément aidé. Les Bonnes étaient informes quand je les ai données à Jouvet. Je les ai reprises sur son conseil et c'est Cocteau qui a trouvé la chute* ».

Il est vrai que le metteur en scène Louis Jouvet (1887-1951) lui a apporté un précieux soutien : **Jean Genet a réécrit et amélioré sa pièce sur ses conseils, entre juillet 1946 et avril 1947** (date de sa première au théâtre). Ainsi, *Les Bonnes* comportait visiblement quatre actes à l'origine, pour n'en compter plus qu'un seul dans sa version finale.

Court résumé de la pièce

Deux sœurs, **Solange et Claire Lemercier**, sont deux domestiques employées dans la même maison. Elles n'aiment pas leur maîtresse (surtout l'une d'entre elles, Solange). Chaque soir, elles font un rituel : **elles mettent en scène l'étranglement de leur patronne**. Claire joue le rôle de Madame, Solange joue le rôle de sa propre sœur Claire.

Un jour, cela tourne au drame : les deux femmes sont prises au piège de leur propre jeu. Claire, jouant Madame, finit par boire le tilleul dans lequel a été versé du poison.

Caractéristiques de la pièce

Les Bonnes respecte la **règle des trois unités** issue du théâtre classique.

- **Unité d'action** : L'intrigue tourne autour de la tentative d'assassinat de Madame.
- **Unité de temps** : L'histoire se passe le temps d'une soirée.
- **Unité de lieu** : L'action se passe dans la chambre de Madame, une élégante pièce baroque emplie de fleurs, avec des meubles style Louis XV.

En ce sens, cette pièce a les **apparences d'une tragédie**.

De plus, certains critiques ont noté des points communs avec les pièces de Jean Racine : en plus de la règle des trois unités, on observe une **construction en cinq actes** (même si les actes sont invisibles dans la pièce) et une **fin précipitée de l'histoire** à cause d'une **catastrophe ultime**.

Structure de la pièce

Les Bonnes est une pièce sans acte. Néanmoins, si l'on utilise les termes traditionnellement utilisés en langage théâtral, la pièce s'articule autour de **trois parties** :

1) Prologue (exposition : l'introduction)

2) Épisode (crise)

3) Exode (dénouement : la fin)

Ces trois parties se subdivisent en **5 phases** (comme dans le théâtre classique), à savoir :

1) Du début de la pièce jusqu'à la sonnerie du réveil (Prologue)
2) De la sonnerie du réveil à la sonnerie du téléphone
3) De la sonnerie du téléphone à l'arrivée de Madame
4) De l'arrivée de Madame à sa sortie
5) De la sortie de Madame jusqu'à la chute du rideau

Résumé de la structure de la pièce

Partie	Moments	Détails de l'intrigue
Prologue	Du début de la pièce jusqu'à la **sonnerie du réveille-matin** (p. 12 ➧ p. 32)[7]	Claire est déguisée en **Madame**, Solange est déguisée en **Claire**. **Madame** donne des ordres à **Claire** et la rabaisse. À la fin, c'en est trop pour **Claire** : elle empoigne **Madame** et essaye de l'étrangler. Le réveille-matin sonne.
Épisode	De la sonnerie du réveil à la **sonnerie du téléphone**. (p. 33 ➧ p. 52)	La sonnerie signale la fin du jeu de rôles. On découvre comment les deux sœurs se comportent entre elles. Elles se font des **reproches**. Il y a de la **tension voire de la haine** (« *Claire, je te hais* », p. 42). Solange est plus agressive que sa sœur : elle reproche par exemple à Claire d'avoir déambulé la nuit sur le balcon de Madame, pour faire semblant d'être la maîtresse de maison devant les gens. Claire lui répond, Solange ne se laisse pas faire. On navigue entre **l'imagination** des sœurs et leur **dure réalité quotidienne**. On comprend qu'elles ont une **relation toxique**, partagée entre l'amour et la haine.
	De la sonnerie du téléphone à l'**arrivée de Madame** (p. 53 ➧ p. 65)	Grand tournant : **Monsieur est libéré**. Solange fait des reproches à sa sœur : elle a écrit à la main le courrier de dénonciation. Solange est sûre qu'elles ont « *laissé des traces* ». Elle remet la faute sur sa sœur. On va découvrir qu'elles ont causé l'arrestation de Monsieur. Claire reproche à Solange de n'avoir pas tué Madame lorsqu'elle le pouvait. Finalement, Claire met le gardénal (poison) dans le thé au tilleul de Madame.
	De l'arrivée de Madame à sa **sortie** (p. 65 ➧ p. 90)	Madame entre. On observe les **relations** qu'entretiennent Madame et chacune des deux domestiques. Madame n'est pas si méchante, mais elle ne paraît pas non plus très appréciable.
Exode	De la sortie de Madame jusqu'à la **chute du rideau** (p. 90 ➧ fin)	Les deux sœurs sont rendues à leur triste sort, **seules**. Elles ne savent pas quoi faire. Par le jeu de la **tragédie**, Claire se sacrifie en prenant le rôle de **Madame** et en buvant la tisane empoisonnée.

[7] Edition Folio, 1976.

Comment Jean Genet voyait sa pièce

Genet a défini sa pièce comme « *un **long suicide déclamatoire** en une heure un quart* ».

Il restait **évasif** par rapport à celle-ci. Il refusait d'en parler abondamment et de donner trop de détails dessus.

Originalités de la pièce

« *Comment jouer Les Bonnes* » : un manuel pour les metteurs en scène

La pièce de théâtre *Les Bonnes* a une originalité : elle est accompagnée d'un texte intitulé « *Comment jouer Les Bonnes* ». C'est Jean Genet qui a écrit ce texte, et il est censé aider les metteurs en scène à réaliser cette pièce de théâtre. On y lit des informations sur la psychologie des deux sœurs, leur évolution, le message véhiculé par la pièce. Il donne des détails utiles au lecteur, même s'il n'est pas jugé pertinent par tout le monde : le metteur en scène Bruno Boëglin dira de cette lettre : « *On la lit deux fois et on la jette à la poubelle : Jean Genet se paye notre tête.* » Pour lui, ces instructions ne sont pas adaptées et limitent le travail du metteur en scène.

Le détournement de la thématique « maître et serviteur »

Dans le théâtre classique, on observe souvent la figure du maître et du serviteur. Généralement, il y a une sorte d'**inversion des rôles** : le serviteur est plus intelligent que son maître. La situation se retourne et le serviteur a souvent le beau rôle, tandis que le maître est parfois ridiculisé.

Dans *Les Bonnes,* ce thème est repris mais modifié : « Madame », la maîtresse de maison, est en situation de **domination**. Les servantes canalisent la violence en elle, en faisant un jeu de rôle, où Claire incarne la maîtresse. Ils vont alors mettre en scène l'assassinat de la fausse Madame (Claire). Plus tard, elles se décident à vraiment passer à l'action, mais **leur plan échoue misérablement**.

Enfin, les domestiques ne sont pas meilleures que leur maîtresse ; elles sont **brutales**, **vulgaires**, en un mot : **dérangées**. « Madame », elle, n'est pas spécialement méchante même si elle est « *bête* » (comme le souligne le dramaturge).

⇨ La **pièce de Genet sort de l'approche traditionnelle** : la relation « domestiques-gouvernante » est **trouble**, **complexe**. Elle paraît plus fidèle à la véritable nature de l'être humain : leur personnalité n'est pas toujours simple. De plus, chaque personne a sa part d'ombre.

Notons que **la mère de Jean Genet était gouvernante** :
l'identité du dramaturge est elle-même liée au thème de la domestique.

Mise en scène et représentations

Une pièce déroutante pour les spectateurs

Le spectateur de cette pièce manque de repères : il peut **facilement confondre les deux sœurs**, surtout que la scène commence au milieu du jeu de rôles. Ainsi, le lecteur doit bien comprendre que **le spectateur peut être déboussolé** en voyant la pièce. C'est l'auteur de la pièce lui-même qui souhaitait créer ces ambiguïtés.

Instructions de mise en scène

Jean Genet a donné des **détails précis** quant à la mise en scène : on les trouve juste avant l'œuvre en elle-même.

On observera que les « bonnes » ne sont pas toujours incarnées par des femmes. Ainsi, des hommes ont pu jouer le rôle de ces domestiques dans une représentation à Berlin, dans les années 60. **Jean Genet était d'accord** pour cette adaptation.

Première représentation en 1947, succès immédiat, déception de Genet ?

La pièce *Les Bonnes* est représentée le 19 avril 1947 au **théâtre de l'Athénée** (situé à Paris, voir photo).

Avant la représentation, cette œuvre était quasiment inconnue. En revanche, Jean Genet était connu pour son passé tumultueux.

La représentation de sa pièce est une **consécration** : son œuvre devient soudainement célèbre aux yeux du grand public. Le critique G. Suarès ira jusqu'à dire, dans une émission de radio du 25 avril 1951 : « ***jamais écrivain n'a eu si grande notoriété en si peu de temps*** ».

Toutefois, l'œuvre n'est pas très bien accueillie : elle fait l'objet d'une « ***réprobation générale*** » comme le dira Jean Genet. Ce dernier semble lui-même **déçu** : « *J'ai quitté le théâtre, décidé à ne plus jamais revoir Jouvet* ». Il paraissait en colère car pour lui, sa pièce était devenue un « ***divertissement pour riches*** ». D'autres notent qu'il était au contraire assez content et qu'il assistait aux répétitions de la pièce. Ainsi, Monique Mélinand écrit : « *il était à la fois extrêmement content que sa pièce soit jouée, par M. Jouvet. Mais en même temps, il n'était pas content d'être content.* »[8]

Représentations ultérieures

On a pu la voir à **Londres** (dans les années 50), à **Berlin** (au milieu des années 60) et à **New York** (1964, Broadway).

La pièce *Les Bonnes* a été jouée **à la télévision** en 1985 : c'est une première pour une pièce de Jean Genet.

Elle reste aujourd'hui encore une pièce assez jouée.

[8] « *Les premières Bonnes ; Entretiens d'Alain Ollivier avec Monique Mélinand et Yvette Etiévant* », Alternatives théâtrales, n° 43, Bruxelles

Personnages

Précision importante : pour comprendre plus facilement les situations, nous avons choisi un code couleur pour désigner les personnages incarnés par Claire et Solange (mot surligné en noir). Comme vous le verrez, Claire se déguise souvent en Madame, tandis que Solange prend le rôle de sa sœur Claire.

Madame = Claire déguisée en Madame

Claire = Solange déguisée en Claire

Solange, l'aînée

Solange est la sœur aînée. On ne connaît pas précisément et se montre **plus violente** que sa petite sœur. Elle ressent davantage de haine envers Madame.

Dans le « jeu », **elle prend le rôle de sa sœur Claire** et reste dans son statut inférieur de domestique. Elle aime être dominée par la fausse « Madame » incarnée par Claire.

La personnalité tourmentée de Solange

Solange adopte deux comportements contradictoires : parfois, elle se montre **dominante**, et parfois elle aime être **soumise**.

Autre **paradoxe** : Solange est la sœur aînée, on pourrait penser qu'elle jouerait Madame dans leur jeu, mais non ! Elle joue le rôle de sa petite sœur.

Il semblerait qu'elle soit **masochiste** (qui aime la souffrance) : ainsi, **elle est rabaissée par Madame jouée par sa sœur** : **Madame** lui rappelle ainsi sa **pauvreté** et sa **saleté**.[9]

Solange semble **détester** Madame. Sa violence envers Claire (**Madame**) lui permet de libérer la haine qui existe en elle.

Les mots durs de **Madame** ont un effet sur Solange : Solange (**Claire**) se sent **furieuse** et **excitée**. Elle peut **répondre de façon dure à sa sœur**

[9] Notons que si « *sol* » veut dire soleil en latin, « sol » désigne, en français moderne, la surface sur laquelle on marche ! C'est ce « sol » que Solange et Claire doivent balayer.

déguisée. Ainsi, Solange (Claire) est violente envers Madame. Cela lui fait du bien : grâce à cette mise en scène, c'est comme si elle, « l'esclave », dominait sa maîtresse.

Solange est une femme **perturbée** : c'est personnage intéressant du point de vue psychologique. On observe chez elle des **contradictions** :

- Elle est **féroce et violente** (on la voit frapper sa sœur parfois) mais en même temps **lâche** : Solange n'achève pas Madame lorsqu'elle en a la possibilité ! Elle recule devant le meurtre.
- Elle se montre **dure et méprisante** : elle rabaisse sa sœur lorsqu'elle aspire à être aristocrate et lorsqu'elle s'imagine des histoires créées de toutes pièces.
- **Elle est incohérente** : critiquant sa sœur sur ses histoires inventées, alors qu'elle lit en cachette ces mêmes histoires. De plus, Solange se réfugie aussi dans le jeu de rôles, et prononce un long monologue à la fin de la pièce (où elle joue un rôle).

Elle est aussi **tourmentée** car elle n'arrive pas à se forger une identité propre.

On observe une relation toxique entre Solange et sa sœur : une **dynamique malsaine mère-fille** s'est installée, où Solange incarne parfois la « mère » et Claire la « fille ».

Claire, la cadette

Claire est la **sœur** cadette, un peu plus jeune que Solange. C'est Claire qui a **écrit la lettre de dénonciation**, afin que Monsieur se fasse emprisonner.

Une sœur un peu rêveuse

Elle semble être la plus **fragile** des deux sœurs. Elle essaye de **s'évader de son quotidien** en créant des mondes rêvés, en écrivant des histoires d'amour. En effet, Claire aime écrire des histoires… et Solange les lit en secret.

Même si elle est sévère envers Madame, **elle la défend parfois**, en disant qu'elle est gentille et aimante ; d'ailleurs, Claire est la préférée de Madame.

On sent qu'elle a une certaine **gentillesse**. Elle n'est pas aussi sadique que sa sœur Solange.

Dans le « jeu », elle prend le rôle de Madame. D'ailleurs, c'est plutôt logique : **Claire aimerait être Madame !** Ainsi, il lui arrive parfois de se promener sur le balcon de Madame pendant la nuit, comme si elle était une noble. Ce changement de rôle lui permet aussi de fuir sa triste vie.

Les côtés sombres de Claire

Il ne faut toutefois pas croire que Claire n'a que des bons côtés ! En effet, elle prend plaisir à humilier sa sœur : pendant le jeu de rôle, Madame se montre dure envers Claire. Claire peut donc exprimer le ressentiment, la colère qu'elle a envers sa sœur Solange. Ses insultes sadiques[10] tournent autour de la condition de domestique. Elle dit que Solange est comme sa « *propre image* », comme une mauvaise odeur.

En outre, plus la pièce avance et plus Claire devient **plus dure et hargneuse** envers Madame, encore plus que sa sœur Solange ! Elle ne veut plus être malmenée par sa sœur : « *Je serai cette empoisonneuse que tu n'as pas su être.* ***À mon tour de te dominer.*** » (p. 59)

Contrairement à sa sœur qui abandonne le projet de meurtre, **Claire veut aller jusqu'au bout pour que Madame boive le thé empoisonné au gardénal** !

De plus, c'est une femme **imprudente**… Elle a laissé des traces et Madame, bien que bête, comprendra sans doute qu'elle a causé l'emprisonnement de Monsieur.

Claire est aussi très tournée sur elle-même : elle a souvent l'impression que quelqu'un la regarde ou enregistre ses gestes.

Comme sa sœur, Claire est **masochiste** : à la fin de la pièce, elle veut que sa sœur Solange soit Claire pour qu'elle l'insulte. Claire peut prendre le rôle de Madame pour se suicider en buvant le thé.

---

[10] Sadique : qui aime faire du mal

Détails supplémentaires sur les deux sœurs

Comme l'indique le texte préliminaire *Comment jouer « Les Bonnes »*, on comprend que les deux sœurs sont **un peu fanées** : « *elles ont vieilli, elles ont maigri dans la douceur de Madame* ».

Toutefois, **elles ne sont pas laides**, au contraire elles gagnent en beauté tout au long de la pièce (« *il faut que tout au long de la soirée on les voie embellir jusqu'à la dernière seconde* »).

Elles doivent cependant être **assez neutres** dans leur jeu : elles ne doivent pas être trop provocantes, ne pas « *imiter les dames de cinéma* ». Malgré tout, elles commettent des excès : elles s'habillent de façon extravagante lorsqu'elles se déguisent (« *Il est possible que les deux bonnes déforment, monstrueusement, pour leur jeu, les robes de Madame* »).

Quoi qu'il en soit, Jean Genet écrit que « ***ces bonnes sont des monstres*** » : on ne doit pas avoir de sympathie pour elles.

Remarques sur la relation entre les deux sœurs

Les deux prénoms « **Claire** » et « **Solange** » comportent une part d'**ironie**.

En effet, « ***Claire*** » renvoie bien sûr à la **clarté**, la **pureté**. « ***Solange*** » renvoie au « **soleil** » (*sol*) et à l'**ange**, deux figures pures, qui apportent du bien.

Or, **la pièce montre petit à petit que les bonnes ne sont pas si « pures » que ça**. Ces prénoms semblent choisis par **antiphrase**[11]. On se rend effectivement compte que Claire et Solange ont des **côtés obscurs voire mauvais**.

Leur relation est **complexe** : dans le fond, elle ont une relation oxymorique, contraire, qui **navigue entre l'amour et la haine**. Solange rabaisse sa petite sœur et lui rappelle sa triste condition (une pauvre domestique). Peut-être même qu'elle préfère Madame. Cette animosité, cette agressivité se transforme en **haine** non dissimulée. Ainsi, Solange dit : « *Claire, je te hais* » (p. 42), Claire répond plus tard : « *Rassure-toi, **je te***

[11] L'antiphrase est l'utilisation d'un mot ou d'une locution dans un sens contraire au sens véritable, par ironie ou euphémisme. Exemple : « *C'est du beau !* » (pour exprimer l'ironie).

hais pour d'autres raisons*. Tu les connais.* » (p. 48). Puis, on trouve l'inverse : Solange est douce avec sa sœur et lui dit « *mon chéri* » (p. 60), « *mon ange* » (p. 61). On trouve parfois des **menaces**. Solange avertit sa sœur : « *Je ne te crains pas. Je ne doute pas de ta haine, de ta fourberie, mais fais bien attention. C'est moi l'aînée.* » (p. 48)

Malgré cette rage, on trouve juste après des marques d'affection, comme lorsque Solange dit : « *J'étouffais de te voir étouffer, rougir, verdir, pourrir dans l'aigre et le doux de cette femme (Madame). Tu as raison reproche-le-moi.* ***Je t'aimais trop****.* » De même, elles se font des reproches, puis reviennent sur leurs propos (exemple : « *Je ne te reproche rien, ma petite sœur (...) je voudrais t'aider. Je voudrais te consoler.* », p. 57).

Les **deux sœurs soufflent le chaud et le froid**, on a dû mal à les suivre.

Autre point : leurs rôles se confondent parfois. **Elles n'arrivent plus à se distinguer l'une de l'autre**. Cela crée un grave trouble de l'identité. Un exemple frappant est très tôt dans le roman, lorsque Solange oublie qu'elle joue **Claire** : « *Avouez le laitier. Car Solange vous emmerde !* ». Claire la rappelle alors à son rôle.

Elles partagent certains défauts : par exemple, chacune fouille dans les affaires de l'autre (Claire trouve une lettre de Monsieur à Madame dans les affaires de Solange ; Solange trouve les écrits de Claire).

Elles ont aussi une **très mauvaise image d'elles-mêmes**. (Solange dit « *Je sais que je te dégoûte. Je te répugne. Et je le sais puisque tu me dégoûtes.* », p. 58). Etant donné qu'elles sont très proche, **le dégoût de l'autre est aussi le dégoût de soi-même**.

On remarque aussi que **les deux sœurs ont conscience de leur proximité, de leur ressemblance**. Ainsi, Solange lâche : « *Je n'en peux plus de notre ressemblance.* » (p. 57)

Madame

C'est une femme **riche**, plus âgée que les deux domestiques qu'elle emploie. Son mari a été dénoncé à la police par un anonyme.

Elle mène un train de vie fastueux : elle porte de la fourrure, boit du champagne… Toutefois, étant donné que Monsieur est emprisonné, elle prend parfois une **mine triste et désolée**.

C'est la femme qui est **à la fois détestée et admirée** par les domestiques. Elle est le centre de la pièce, même si elle est peu présente.

Une femme sans profondeur

Madame n'est pas aussi mauvaise que ses domestiques le jugent, toutefois elle n'est **pas spécialement gentille**. Favorisant Claire, elle est moins gentille avec Solange et reprend même un cadeau qu'elle lui a fait (la fourrure).

Néanmoins, elle a peur que ses domestiques l'abandonnent. De temps à autre, elle se montre **généreuse** envers elles, mais il lui arrive aussi d'être **méprisante** à leur égard (mais elle ne s'en rend pas compte, sans doute par manque d'intelligence et de sensibilité).

Elle ne semble pas éprouver beaucoup de culpabilité ou de honte. Elle se sent un peu honteuse de prendre le thé alors que Monsieur est en prison, et est confuse car elle ne retrouve plus le chemin de la cuisine (ce détail illustre sa richesse).

Une dame entretenue en quête d'évasion

Madame se fond bien dans le rôle de la **femme entretenue**, qui a une vie ennuyeuse et **veut se donner bonne conscience** en faisant des dons. Ainsi, elle admet apprécier donner aux autres, car cela lui fait du bien.

Dans son rôle de femme entretenue, elle vit dans une **prison dorée**, dépendante de riche mari. Prisonnière de cette opulence, **elle rêve donc d'indépendance**. Elle fantasme à l'idée de s'évader avec Monsieur et s'enfuir de France avec lui. Elle est en quelque sorte excitée par le méfait de son mari, et s'imagine lui porter secours pour le libérer.

Une bourgeoise bête

Jean Genet écrit, dans *Comment jouer « Les Bonnes »*, qu'elle est une « *dame un peu cocotte et un peu bourgeoise* ». Il se montre sévère : « *elle ne sait pas jusqu'à quel point elle est bête* ». Le metteur en scène Bruno Boëglin pense aussi qu'elle est « ***maligne, un peu sournoise, passablement surexcitée, inconséquente, dispersée, paternaliste et méprisante par étourderie*** ».

Madame, chef d'orchestre de la pièce ?

Madame a été appelée par le metteur en scène Jacques Vincey « ***Monsieur Loyal*** » de ce « *cirque métaphysique* », car elle « *tire les ficelles de l'imaginaire.* »[12] Pour lui, Madame est « *une* ***créature hybride et insaisissable*** *qui échappe à toute classification et reste auréolée d'un mystère qui la protège des agressions du réel.* »

Monsieur

C'est **l'amant de Madame**. Il n'apparaît jamais sur scène. Monsieur a été **emprisonné de façon (visiblement) injuste**, suite à la **lettre de dénonciation de Claire**.

Il paraît clair que Madame dépend de lui.

Les domestiques n'aiment pas Monsieur. Elles lui reprochent notamment ses moqueries (« *Au moins nous éviterons ses moqueries* », p. 44)

Mario le laitier

Mario n'apparaît pas non plus sur scène, mais est évoqué par les deux sœurs. En lisant la pièce, on comprend que Claire et Solange ont toutes deux une liaison avec lui. Ce détail est assez sordide[13] et accentue le trouble de la personnalité des deux sœurs : on ne perçoit pas de grande différence dans le caractère de ces deux femmes, si bien qu'elles ont du mal à se définir comme « autre ».

---

12 Monsieur Loyal incarne, dans le cirque, le maître de la piste. C'est le chef d'orchestre des numéros, particulièrement des entrées de clowns

13 Sordide signifie d'une saleté repoussante, misérable, crasseux

Résumé détaillé de la pièce

L'action commence *in media res*[14].

Avant l'action (on le comprendra plus tard), Claire a dénoncé Monsieur (l'amant de Madame).

On voit deux femmes dans une belle chambre (celle de Madame).

Ces deux femmes sont en train de jouer leur jeu de travestissement : l'une d'entre elles incarne une maîtresse de maison, autoritaire, et l'autre une domestique. On comprend par la suite que ce sont en fait deux domestiques : l'une est Claire (déguisée en **Madame**, la maîtresse de maison) et l'autre est Solange (déguisée en **Claire**).

La domestique **Claire** (la plus jeune)	→	**Madame**, la maîtresse de maison
	Se déguise en…	
La domestique **Solange** (l'aînée)	→	**Claire**, sa propre soeur

Madame parle mal à **Claire**. Elle sous-entend que **Claire** reçoit la visite nocturne de Mario, un laitier (on comprend donc que Claire a eu des relations avec ce laitier). **Madame** continue de rabaisser **Claire** mais soudain, cette dernière se révolte et répond méchamment à sa maîtresse.

Les deux femmes se disputent et **Claire** en vient presque à étrangler **Madame**. Alors, le réveille-matin sonne et interrompt le jeu de rôle.

Les deux sœurs sont stoppées par cette sonnerie et arrêtent leur jeu d'actrices : Madame (la vraie) va rentrer, elles doivent se dépêcher. **Elles se parlent de sœur à sœur**. Elles évoquent notamment leur triste condition, parlant notamment de la mansarde misérable dans laquelle elles vivent.

[14] L'expression « *in media res* » vient du latin et signifie littéralement « au milieu des choses ». C'est un **procédé littéraire** qui consiste à placer sans préalable le lecteur, ou le spectateur, au milieu d'une action.

Solange fait alors un reproche à sa sœur, en lui lançant une pique : elle l'a vue la nuit se promener sur le balcon de Madame, comme si elle était une femme importante, une « *souveraine, une Marie-Antoinette* ».

Claire est vexée par cette allusion. Peu après, elle défend Madame. Solange est agacée et tient, à l'inverse de sa sœur, de mauvais propos envers Madame.

A son tour, Claire fait un **reproche** à sa sœur : elle l'accuse d'avoir lu « *les pires histoires et les plus belles* » qu'elle écrivait en cachette. Elle lui dit même qu'elle a découvert des lettres de Monsieur à Madame dans ses affaires : Solange est furieuse que **sa sœur fouille dans ses affaires** ![15] Elles se chamaillent puis Solange rappelle sa sœur à l'ordre : « *C'est moi l'aînée* ». Claire lui rétorque : « *Qu'est-ce que cela veut dire, l'ainée ? Et la plus forte ?* » puis elle dit : « *Tu as essayé de la tuer* [Madame] ». Solange répond : « *Tu m'accuses* » et Claire lui dit : « *Ne nie pas. Je t'ai vue. (Un long silence.)* »

Puis soudain, **le ton change** : « *Et j'ai eu peur. Peur, Solange. Quand nous accomplissons la cérémonie, je protège mon cou. C'est moi que tu vises à travers Madame, c'est moi qui suis en danger.* »[16] Et Solange ne se démonte pas et lui répond : « *j'ai voulu te délivrer* », « *je t'aimais trop* ».

Solange confie qu'elle a déjà voulu étrangler Madame lorsque cette dernière dormait, mais elle n'a pas osé le faire.

Alors que les deux sœurs parlent (elles disent notamment qu'elles « étouffent »), **le téléphone sonne** (p. 53) : Claire décroche. C'est Monsieur à l'appareil. Il annonce qu'il est libre. Il lui demande d'avertir Madame qu'il l'attend au *Bilboquet*. Claire est tremblante.

C'est le point tournant de la pièce : « *tout casse* » (comme le dit Solange). Leur plan tombe à l'eau.

Monsieur avait été arrêté mais est finalement relâché, faute de preuves.

---

[15] On s'aperçoit encore une fois de la **ressemblance frappante** entre les deux sœurs : elles partagent encore un même défaut, celui de fouiner dans les affaires de l'autre.

[16] Ici, la « *cérémonie* », c'est le jeu de rôles des deux sœurs : **Claire** (incarnée par Solange) a essayé d'étrangler **Madame** (incarnée par Claire). Donc, dans la réalité, Solange risquait de tuer sa propre sœur au cours de ce jeu dangereux !

Les sœurs comprennent que leur trahison va être découverte (on découvrira que Claire a écrit une lettre de dénonciation). **Elles décident alors d'assassiner réellement leur maîtresse**, « Madame », en empoisonnant une boisson, sa tisane habituelle au tilleul.

Quand Madame revient, elle discute avec ses bonnes et se montre plutôt agréable. Elle a l'air triste de l'emprisonnement de son mari mais se rêve à le libérer et s'évader avec lui. Cette idée semble lui plaire, et elle joue la femme blessée par l'injustice. Dans un geste de (fausse ?) générosité, elle donne une robe à Claire (sa favorite) et une fourrure à Solange.

Brusquement, elle se rend compte que le combiné du téléphone est décroché. Elle demande pourquoi, et Claire lui annonce, hésitante, que Monsieur est libéré. Madame exulte et demande à sortir pour le voir. Elle demande à Solange de sortir pour commander un taxi. Solange sort donc, pendant ce temps Claire discute avec sa maîtresse et lui propose de boire sa tisane (empoisonnée), mais Madame ne prend finalement pas sa tisane et s'en va rejoindre son mari en taxi.

Solange revient. Elle comprend que Madame n'a pas bu la tisane. Elle et sa sœur savent donc qu'elles vont être découvertes. Madame et Monsieur comprendront que les domestiques ont dénoncé Monsieur.

Que faire ? Partir loin ? Prendre de l'argent et s'en aller comme des voleuses ?

Aucune solution ne semble préférable. Claire prend alors le rôle de Madame. Elle veut boire le poison elle-même. Solange est effarée, mais se laisse finalement entraîner. Solange déclame un monologue. À la fin de la pièce, elle fait face au public les mains liées, tandis que Claire boit la tisane empoisonnée, synonyme de mort.

Aspects littéraires de la pièce

Un jeu sur les conventions théâtrales

Une scène d'exposition qui n'en est pas

Traditionnellement, la première scène d'une pièce vise à présenter les personnages. C'est la **scène d'exposition**.

Dans *Les Bonnes*, Jean Genet joue avec cette convention : les deux sœurs ne sont pas clairement identifiées. En effet, **leur jeu de rôle n'est pas clair** et rend le spectateur hésitant.

Cette pièce est donc plus **facile à comprendre pour le lecteur que pour le spectateur** (du moins au début).

Le jeu avec le quatrième mur

Dans *Les Bonnes*, certaines situations **jouent avec le quatrième mur** (un mur imaginaire qui est censé séparer les spectateurs et les acteurs).

Ainsi, Claire a parfois le sentiment d'être sans cesse regardée. Or, c'est précisément ce qui se passe car c'est une pièce de théâtre ! Ce détail est amusant et intéressant. C'est comme si elle était conscience qu'on l'observait. Cela permet aussi de **casser la distance** entre le spectateur et l'acteur.

Ce jeu avec le quatrième mur est aussi observable dans d'autres pièces de théâtre du XXème siècle.[17]

Le théâtre dans le théâtre : une mise en abyme

En plus de se sentir regardée, **Claire sent que quelqu'un lui a écrit son rôle**. C'est comme si elle savait que son rôle était une illusion. À la fin de la pièce, elle boit elle-même le poison, comme si elle ne pouvait plus supporter la situation.

---

17 On peut penser aux pièces de théâtre de Samuel Beckett, notamment *Oh les beaux jours* et *Fin de partie.*

De plus, les deux sœurs font une pièce de théâtre en incarnant un autre personnage. C'est une **mise en abyme** : une pièce de théâtre dans la pièce de théâtre.

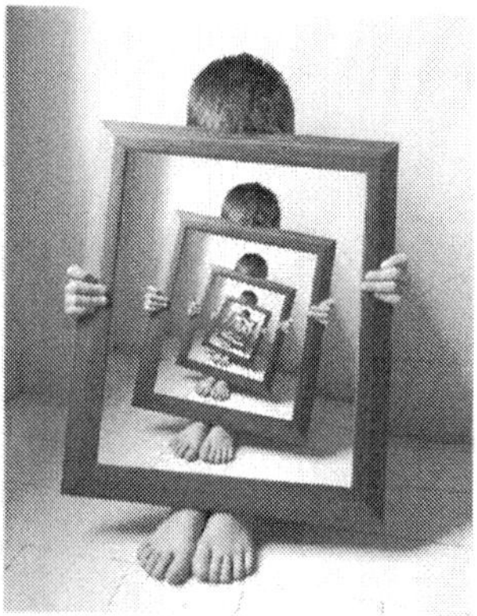

On notera que Claire devient très attachée à la robe en velours rouge, qu'elle dédaignait au départ. Or, ce rouge profond rappelle les rideaux du théâtre, que Solange évoque dans son monologue final ! Ces rideaux vont d'ailleurs se refermer sur elle à la fin de la pièce, après son empoisonnement. Le rouge évoque aussi le sang : Claire va mourir à la fin de la pièce.

Thèmes abordés dans la pièce

La thématique du domestique

Cette pièce reprend la figure des domestiques, très présente en littérature française.

- XVIIème siècle : une figure comique

Molière déguisé en Sganarelle

Le domestique est souvent, dans le théâtre du XVIIème siècle, une **figure comique**. Néanmoins, c'est un personnage intelligent qui sait mettre en lumière certaines verités. C'est aussi le personnage futé, qui n'hésite pas à mener à bateau son maître (comme Sganarelle dans le théâtre de Molière). Le personnage reste dans l'ensemble **comique**. La remise en cause de la hiérarchie maître-servant existe peu voire pas du tout.

- XVIIIème siècle : évolution vers une critique de l'autorité

C'est surtout dans *Le Mariage de Figaro* que **le domestique se révolte**. On l'observe avec la querelle entre Figaro et le Comte. Ainsi, le domestique dénonce les puissants qui obtiennent leurs privilèges par héritage (lire le monologue de Figaro : « *Parce que vous êtes un grand seigneur, vous vous croyez un grand génie ! ... Noblesse, fortune, un rang, des places, tout cela rend si fier ! Qu'avez-vous fait pour tant de biens ? Vous vous êtes donné la peine de naître, et rien de plus* »). Dans les comédies de Marivaux, la **critique sociale ou politique** est éclatante pendant les scènes de dispute (voir *L'Île des esclaves,* 1725, ou *Le Jeu de l'amour et du hasard,* 1730). Ces écrits tendent à **défendre les domestiques** souvent maltraités.

- XIXème siècle : la souffrance des gens méprisés

Au XIXème siècle, la domestique garde une place de choix en littérature. On l'observe dans les écrits des réalistes et naturalistes. Dans les romans de Zola par exemple, la domestique est souvent une **femme méprisée** par ses employeurs. En conséquence, elle se montre parfois **insolente** et leur **fait des coups « dans le dos »**. C'est aussi une femme généralement **sensible**, **blessée** par le peu de respect de ses maîtres. Elle est également **témoin de tout**, qui écoute et colporte les ragots : elle est au courant des rumeurs et des mauvais actes des bourgeois. Ainsi, par leur voix, les écrivains peuvent dénoncer les travers de la bourgeoisie et de certains puissants.

- XXème siècle : les ambiguïtés

La domestique permet de dénoncer le rapport parfois toxique entretenu par une caste dirigeante, et leurs sujets, qui doivent se plier à leurs exigences.

Dans le cadre du XXème siècle, on observe une **redistribution des rôles** : ce qui paraît bien ne l'est pas forcément. Ainsi, dans *Les Bonnes*, les sœurs Claire et Solange ne sont pas si gentilles.

La figure de l'être en souffrance

Le **thème des hommes et femmes en souffrance** revient dans l'œuvre de Jean Genet. On peut citer les exemples suivants :

- Les domestiques dans *Les Bonnes* : les domestiques sont sujettes à la pseudo gentillesse de « Madame », leur maîtresse. Cette fausse gentillesse cache du **mépris** et de la **condescendance** : les domestiques sont des « boniches » au service de celle qui leur dirige. Madame se sent supérieures à elles même si elle ne se l'avoue pas.

  Pire encore, **les deux sœurs ne s'aiment pas** : elles n'ont aucune compassion pour elle-même et pour leur sœur. Cette souffrance se traduit par une **haine** envers Madame, mais aussi une haine envers leur propre personne : elles sont masochistes et sadiques. En effet, **elles font du mal à l'autre** (sadisme) **ainsi qu'à elles-mêmes** (masochisme).[18]

- Les comédiens noirs dans *Les Nègres*

- Les colonisés arabes dans *Le Balcon*

L'illusion pour fuir la réalité

Dans les circonstances difficiles, l'**illusion** est un moyen de s'échapper de son triste sort.

Ici, Claire et Solange sont accablées par leur **condition misérable**, et **elles se sentent sales**. Leur jeu de rôle permet de se transformer :

⇨ Claire incarne **Madame** : elle vit son rêve de richesse et de prestige.
⇨ Solange incarne **Claire** : elle se valorise en se révoltant contre **Madame** et en la rabaissant. Cela lui permet de retrouver sa dignité.

---

18 On observe que la détestation de soi peut mener à des conduites dangereuses ou auto-mutilantes. Il est donc important que chaque personne ait une **estime de soi correcte**, afin de pouvoir s'épanouir.

Cette illusion est si forte que Claire appelle plusieurs fois sa propre sœur Claire (au lieu de Solange). De même, le monologue de fin de Solange est très confus.

Même **Madame goûte au plaisir de l'illusion** : sans doute ennuyée par sa vie de femme gâtée, elle s'imagine voler au secours de son mari et s'enfuir avec lui.

L'étude des relations de pouvoir

Les Bonnes expose le rapport qui existe entre dominant et dominé.

Le plus souvent, il s'agit d'une **relation de pouvoir réciproque**. Le dominé dispose lui aussi d'un certain pouvoir envers le dominant (le maître).[19] Le dominant est donc lui aussi influencé par le dominé.

Ce rapport dominant-dominé existe dans tous les domaines : parent-enfant, bourreau-victime, professeur-élève, gardien-prisonnier…

Chez Jean Genet, se thème se retrouve, par exemple dans le texte *Journal d'un voleur*. Ici, dans *Les Bonnes*, on a un **bel exemple d'influence mutuelle** qui existe entre les domestiques et Madame, et aussi entre les deux domestiques (la grande sœur et la petite sœur ont une relation de pouvoir tantôt brutale, tantôt plus douce).

---

[19] Sur les rapports dominant-dominé, on peut s'intéresser à la philosophie de Hegel et à la **dialectique du maître et de l'esclave** : le maître existe aussi au travers de l'esclave. Sans l'esclave, le maître se retrouve démuni, perdu. C'est donc que l'esclave a une certaine emprise sur son maître.

La morale du maître et de l'esclave (*Nietzsche*)

Le philosophe Friedrich Nietzsche (1844-1900)

L'attitude des deux sœurs évoque une **notion** élaborée par le philosophe Friedrich Nietzsche : la **morale**, qu'il développe dans son livre « ***La généalogie de la morale*** » (1887).

Ce philosophe allemand a distingué :
- la **morale du maître**,
- la **morale de l'esclave**.

Nous allons illustrer ces deux types de morale.

Le « **maître** » (ou plutôt la « maîtresse ») est incarné par Madame : elle dispose de temps, d'argent et de pouvoir. C'est elle qui mène la danse : **elle reste le centre de la pièce**, même quand elle est absente. Sans vraiment s'en rendre compte, **Madame se montre méprisante**, en montrant une forme de pitié qui rabaisse les deux sœurs. Elle a une certaine **insouciance** qui est caractéristique des « ***aristocrates*** » (comme les appelle Nietzsche) : Madame n'est pas assez sensible pour comprendre qu'elle peut blesser les deux sœurs par son comportement. Maîtresse de son temps et de l'argent qu'on lui donne, elle gagne en liberté et a de **meilleures valeurs** : **elle n'a personne à jalouser, car elle n'a rien qui lui manque réellement** (d'un point de vue confort). Elle n'envie pas ses domestiques : elle n'a aucune estime ni admiration pour ces deux pauvres femmes !

Les « **esclaves** » sont les domestiques : les deux sœurs sont **privées de liberté**. Elles ont seulement un **pouvoir de réaction** par rapport à ce qu'elles vivent. Elles restent dépendantes de Madame et ressentent de la **jalousie** envers elle.

Par ailleurs, les deux sœurs ont un **besoin de reconnaissance** typique de cette mentalité d'esclave. Or, elles ne trouvent pas cette reconnaissance auprès de Madame. Elles ne se sentent pas aimées sincèrement, ce qui crée un sentiment de rancœur : cette rancœur se transforme en **haine**. De plus, **elles ne s'aiment pas elles-mêmes** et détestent leur travail, qui est humiliant (nettoyer derrière Madame, par exemple). On ressent leur **dégoût** pour elles-mêmes tout au long de la pièce.

Ne s'aimant pas elles-mêmes, **les deux sœurs ne peuvent pas s'aimer mutuellement**. Comme le dit Solange : « ***Et nous, nous ne pouvons pas nous aimer. La crasse… N'aime pas la crasse.*** » (p. 41).

Cette humilitation ressentie par les domestiques éveille donc leurs mauvais penchants : **elles deviennent des femmes mauvaises, au fond d'elles**. Ceci correspond au portrait écrit par Nietzsche : « *L'homme du ressentiment n'est* ***ni franc, ni naïf, ni loyal envers lui-même****. Son âme louche, son esprit aime les recoins, les faux-fuyants et les portes dérobées, tout ce qui se dérobe le charme, c'est là qu'il retrouve son monde, sa sécurité son réconfort, il s'entend à garder le silence, à ne pas oublier, à attendre, à se rapetisser provisoirement, à s'humilier.* » En un mot, le dominé n'est pas le « gentil ». Au contraire, sa frustration se transforme assez rapidement en une **sombre rancune**, en une **attitude peu sincère, fuyante, lâche**.

En définitif, les sœurs Solange et Claire ressentent de la **frustration** et correspondent aux esclaves décrits par Nietzsche : elles « *ne trouvent de*

compensation que dans une ***vengeance imaginaire.*** » Ce sont des femmes rongées de l'intérieur, des « ***monstres*** » comme les appelle Jean Genet, des femmes « ***fânées*** » qui pourrissent au fond d'elles (même si elles ne sont pas laides extérieurement, si on s'en réfère à « *Comment jouer les Bonnes* »). **Elles ont conscience de leur infériorité et n'arrivent pas à la dépasser** : elles sont piégées par leur noirceur.

Ainsi, *Les Bonnes* expose cette **morale de l'esclave** qui reste présente de nos jours : **le dominé ressent une forme de haine envers le dominant**.

Or, ce dominant se montre parfois insouciant, inconscient de cette rage du dominé (on peut penser à certains hommes politiques, qui ne comprennent pas la détestation dont ils font l'objet). Nous pouvons alors observer des gens « dominés » à l'origine « gentils », qui sont un jour victime de l'injustice du dominant, et deviennent alors sombres, comme rongés de l'intérieur, ayant soif d'une vengeance qui ne peut se concrétiser (car le dominé n'arrive pas à atteindre le dominant).[20]

Pire encore, au-delà de cette haine du maître, l'esclave ne s'aime pas lui-même : il n'a aucune estime de lui. Cela engendre un **comportement autodestructeur**, comme on le voit dans *Les Bonnes*.

Enseignements de la pièce

L'ambiguïté des personnages : par-delà le bien et le mal

Un des côtés intéressants de la pièce est **l'absence de distinction claire** entre les personnages « bons » et « mauvais ». En effet, les deux sœurs n'incarnent pas les « gentilles domestiques » contre la « méchante maîtresse » : Claire et Solange sont elles-mêmes victimes de la haine qu'elles entretiennent pour Madame. De plus, cette rage contre Madame peut sembler exagérée, injustifiée.

Cette vision des choses est plus fidèle à la réalité : dans la vie, on retrouve rarement le schéma « gentil contre méchant ». Ici, les deux mondes sont médiocres. Il n'y a pas de « héros » dans cette pièce.

---

20 *Le Comte de Monte-Cristo* (1846), d'Alexandre Dumas, offre un contre-exemple, car le « dominé » Edmond Dantès arrive à prendre sa vengeance et à corriger l'injustice qu'il a subie.

La crise du personnage

La pièce de Jean Genet évoque aussi ce que Robert Abirached a appelé « *La crise du personnage* »[21] : le théâtre du XXème siècle s'est différencié des siècles passés, en mettant en scène des individus très éloignés de la figure du héros.

Ici, aucun des personnages n'a d'envergure : ils sont tous **médiocres, mauvais**. Bruno Boëglin dit de ces femmes qu'elles sont « *complètement exacerbées*[22]*, explosées* ».

Cela renvoie à notre société actuelle : la médiocrité a gagné du terrain. Les écrivains, intellectuels et artistes ont été remplacés par des sportifs, chanteurs ou stars de la télé-réalité. Certaines valeurs morales comme la loyauté, l'intégrité et l'honnêteté ne sont plus assez valorisées. La jalousie, l'hypocrisie et la mesquinerie se retrouvent chez beaucoup d'individus.

Ainsi, *Les Bonnes* est en quelque sorte le **reflet de notre société**, qui est malade sous certains aspects.

Un miroir pour le spectateur

Jean Genet a écrit :

> « *Je vais au théâtre **afin de me voir**, sur la scène (...) tel que je ne saurais - ou n'oserais - me voir ou me rêver, et tel pourtant que je me sais être. Les comédiens ont donc pour fonction d'endosser des gestes et des accoutrements qui leur permettront de **me montrer à moi-même, et de me montrer nu, dans la solitude et son allégresse.*** »

Ainsi, le spectateur (ou le lecteur) peut se rappeler de son « côté sombre », en lisant la pièce. Il réfléchit sur ses mauvais côtés. Cette pièce permet alors de faire notre auto-critique. Nous percevons notre côté bestial : « *Sacrées ou non, ces bonnes sont des monstres, **comme nous-mêmes** quand nous nous rêvons ceci ou cela* »[23]

C'est alors à l'homme de travailler sur lui, pour s'améliorer et ne pas tomber dans la méchanceté et la monstruosité.

---

[21] Robert Abirached, « *La crise du personnage dans le théâtre moderne* », 1994

[22] On peut comprendre le mot « exacerbées » comme « extrêmes », « excessives », « déchaînées ».

[23] Jean Genet, « *Comment jouer Les Bonnes* »

Choses à savoir pour éviter les erreurs

Le texte ne fait pas la défense des domestiques

Jean Genet affirme dans son court texte *Comment jouer « Les Bonnes »* que son ouvrage, contrairement à ce qu'on pourrait croire, qu'il n'est pas là pour défendre les domestiques :

> *« Une chose doit être écrite : il ne s'agit pas d'un plaidoyer sur le sort des domestiques. Je suppose qu'il existe un syndicat des gens de maison - cela ne nous regarde pas. »*

Au contraire, Claire et Solange sont des femmes sans envergure, et même pire : pour Genet, *« ces bonnes sont des monstres »*.

Les sœurs sont toutes deux tourmentées

Il ne faudrait pas croire que seule Solange est bizarre et dérangée. Sa sœur Claire est, elle aussi, agitée et à se montre parfois méchante lorsqu'elle joue **Madame**.

Quizz (QCM)

1) Qui est l'**aînée** des deux sœurs ?

a. Solange b. Claire c. Madame d. Monsieur

2) **Où se joue le dialogue initial** entre Solange et Claire ?

a. Dans la chambre de Claire b. Dans la chambre de Madame
c. Au sous-sol d. Dans le grenier

3) Claire a commis un acte qu'elle assume complètement. De quel acte s'agit-il ?

a. Elle a appelé la police pour se plaindre de Madame
b. Elle a écrit une lettre anonyme pour dénoncer Monsieur
c. Elle s'est plainte du mauvais traitement qu'elle subit.
d. Elle a volé de l'argent à Madame

4) Comment pourrait-on qualifier la manière de vivre de Madame ?

a. Frugale (elle se contente du strict nécessaire)
b. Très occupée par ses engagements dans la société
c. Dévouée à l'Église et pieuse
d. Prodigue (qui fait des dépenses excessives)

5) Où **habitent** les deux domestiques ?

a. Dans une pièce de l'appartement de Madame b. Dans une cave

c. Dans une mansarde d. Dans la rue

6) De quelle **couleur** est la robe que Madame offre à Claire ?

a. Noire **b.** Rouge **c.** Blanche **d.** Transparente

7) Comment les bonnes essayent de tuer Madame ?

a. En la poignardant **b.** En l'étouffant **c.** En l'empoisonnant **d.** En la poussant

8) Quel écrivain français écrira ***Saint Genet, comédien et martyr*** (1952) ?

a. Jean Cocteau **b.** Samuel Beckett **c.** Jean-Paul Sartre **d.** Albert Camus

Réponses du quizz (QCM)

1) Il s'agit bien évidemment de Solange. Claire est la cadette.

2) Le dialogue initial se joue dans la chambre de Madame.

3) Claire a écrit une **lettre anonyme** dénonçant Monsieur. Pendant la pièce, on apprend que Monsieur est libéré : Claire et Solange savent qu'il ne tardera pas à comprendre qu'elles sont à l'origine de la dénonciation. C'est pour cela qu'elles sont paniquées.

4) Madame est une **femme dépensière** : elle dilapide l'argent de son mari dans des fourrures, robes…

5) Claire et Solange habitent dans une **mansarde** : c'est un lieu sous les combles (les toits). Dans les immeubles parisiens de style haussmannien, on trouve sous les toits les fameuses « *chambres de bonne* », où vivaient les domestiques au XIXème siècle.

Dernier étage d'un immeuble haussmannien, à Paris. Les domestiques vivaient souvent sous les toits, et avaient même un escalier séparé pour y accéder (et ne pas se mélanger aux autres habitants). Certains récits, comme ceux d'Émile Zola ou de Maupassant, évoquent l'histoire de ces femmes souvent méprisées.

6) Madame offre à Claire une robe de **couleur rouge** (p. 77).

« C'est fini. (Elle caresse la robe de velours rouge.) Ma belle « Fascination ». La plus belle. Pauvre belle. C'est Lanvin qui l'avait dessinée pour moi. Spécialement. Tiens ! Je vous la donne. Je t' en fais cadeau, Claire ! »

Analyse : Cette couleur symbolise la passion, mais aussi le sang. Peut-être que cela annonce la mort de Claire.

7) Elles essayent de l'empoisonnant avec du gardénal (calmant), versé dans sa tisane au tilleul.
8) Cet ouvrage a été écrit par Jean-Paul Sartre (1905-1980).

Un mot de l'auteur

Mon objectif était de vous apporter le maximum d'informations autour de cette œuvre, en un minimum de temps. Même si Internet est une mine d'or d'informations, il est difficile de trouver les ressources essentielles et de les synthétiser. Conscient des difficultés à comprendre et mémoriser les œuvres littéraires, j'ai eu l'intention de faciliter les choses aux étudiants. J'espère avoir atteint cet objectif.

Si vous avez apprécié ce travail, je vous serais très reconnaissant de déposer un avis positif sur le livre. Ces avis sont très précieux pour les auteurs et les aide à se faire connaître.

Je vous souhaite une très bonne continuation et beaucoup de réussite dans vos projets.

Frédéric Lippold

Autres ouvrages du même auteur

- « *Fiche de lecture illustrée - Rhinocéros, d'Eugène Ionesco* »
- « *Fiche de lecture illustrée - Eldorado, de Laurent Gaudé* »
- « *Fiche de lecture illustrée - La Ferme des Animaux, de George Orwell* »
- « *Fiche de lecture illustrée - L'Etranger, d'Albert Camus* »
- « *Fiche de lecture illustrée - Candide, de Voltaire* ».
- « *Fiche de lecture illustrée - L'Ingénu, de Voltaire* ».
- « *L'essentiel du livre : L'homme le plus riche de Babylone* »
- « *Comment réussir ses études : conseils et méthodes pour exceller après le bac* »

Mentions légales

ISBN-13 : 9798607819651

Dépôt légal : février 2020

Photo de couverture : *Maid* par Computerizer

Printed in Poland
by Amazon Fulfillment
Poland Sp. z o.o., Wrocław

54931586R00027